Lb 40 355

DISTRICT DE SAINT-MARCEL.

EXTRAIT DES REGISTRES DE SES DÉLIBÉRATIONS,

Du 4 Décembre 1789.

Sur l'Examen des deux séries & des deux premiers titres du Plan de Municipalité. Sur plusieurs autres Articles de son organisation.

Sur l'affaire de Saint-Victor. Sur l'économie des dépenses, & sur les Emigrans.

EN l'Assemblée générale du District, &c. &c.

Examen du Plan de Municipalité.

M. le Curé de Saint-Martin, Commissaire nommé pour examiner les deux séries d'articles pour le Plan de Municipalité envoyées par les Représentans de la Commune, & depuis, le Réglement général en ce qui concerne les titres premier & second des droits & fonctions de la Municipalité, du ressort & de la division de Paris.

Après avoir entendu la lecture desdites séries & du réglement, & le rapport des observations, additions & corrections qu'il conviendroit y faire, selon les circonstances & d'après que l'on connoîtroit l'ensemble des Décrets de l'Assemblée Nationale sur les Municipalités; que ces Décrets auroient reçu la sanction Royale, & qu'en partant de cette base immuable, les Représentans de la Commune auroient fourni la totalité du Plan de Municipalité, M. le Rapporteur a proposé, 1°. de ne pas se livrer dans le moment, à la discussion des Articles envoyés.

2°. D'inviter la Commune de hâter la confection de ce Plan total de Municipalité ; 3°. & avant tout, de solliciter, de l'Assemblée Nationale, ses Décrets sanctionnés sur la division des Départemens de la France, & notamment de celui de Paris.

Effectivement, l'Assemblée s'étant livrée à quelques réflexions sur les deux titres projettés du réglement général, elle a reconnu que tel article, qu'elle pourroit approuver en partant des bases projettées pour l'organisation générale, n'auroit plus lieu, si ces bases venoient à changer, & si Paris ne conservoit pas son ancienne jurisdiction, pour ses subsistances.

Par exemple : Article premier, la Municipalité de Paris ne doit pas être feulement réglée d'après fon immenfe population & fes localités ; mais encore d'après fes rapports & correfpondances avec tout le Royaume, & même avec l'Europe, foit à raifon de fes grandes confommations & de fes manufactures qui fe multiplient depuis quelques années ; foit à raifon des établiffemens définitifs ou paffagers que l'on y vient faire de tous les pays.

Art. VI. Pourquoi la Commune auroit-elle *un Confeil général*, lorfqu'Art V, le Corps Municipal doit être divifé *en Confeils & Bureaux* ? La Commune *doit elle-même* former ce Confeil général.

Après l'Art. VII, où l'on propofe de diftinguer le Corps Municipal de l'Adminiftration du Département de Paris ; vraifemblablement il conviendra d'ajouter, *que le Corps Municipal fera comptable au Département de fon Adminiftration*, & que *le Chef de la Municipalité*, ne *fera pas* le Chef du *Département*.

L'Art. VIII demandera une autre rédaction. La fûreté & la police de Paris, devront d'abord fixer l'attention des Rédacteurs, parce que de cet objet important, dépendra l'utilité progreffive des autres.

Si, Art. IX, n°. 4, la Voierie & ce qui en dépend

appartient à la Municipalité, il conviendra d'aviser au *remboursement* des Charges de cette partie.

Et n°. 5, à l'inspection directe des travaux & réparations des Eglises, &c. il conviendra d'ajouter celles des Hôpitaux, Colléges, Prisons, &c.

Sur l'Art. XIV, en distinguant l'exercice des fonctions Municipales, de celles de la Garde Nationale, & en admettant leur incompatibilité, il faudra aussi distinguer le pouvoir judiciaire, de maniere que les Juges & autres Ministres de l'exercice de ce pouvoir, ne puissent pas cumuler celui du pouvoir Municipal, & celui de la Garde Nationale; à cet effet, on expliquera davantage l'Art. XI.

Par les mots : *aucune personne ne pourra*..... Il faut s'expliquer si les simples Soldats, c'est-à-dire, dans notre régime actuel, si presque tous les Citoyens ne pourront pas être admis aux fonctions Municipales.... On doit sentir qu'alors on ne pourroit plus être Officier Municipal, qu'après l'âge de cinquante ans, que cesse la Garde Nationale personnelle.

L'Article premier du titre 2 dépend absolument de la détermination du Département de Paris.

D'ailleurs, si la Commune & la Municipalité

de Paris vouloient se renfermer dans l'enceinte de ses barrieres, pourroit-elle le faire sans blesser le droit sacré de propriété, que réclameront sans doute les maisons *extra muros*, qui de tous les téms, dépendent des Paroisses de Paris ?

Quelle considération ne doit-on pas avoir sur la facilité que l'on donneroit aux Contrebandiers qui, Propriétaires d'une chaumiere au-delà des murs, pratiqueroient sans trouble des conduis souterreins, &c. &c.

Par l'Art. VIII du titre premier, pour raison de ses subsistances, on conserve à Paris sa surveillance & ses droits sur la riviere de Seine, &c. de la *maniere qu'elle en a joui par le passé*, & par l'Art. II du titre 2, on *soumet* l'exercice de ce droit, à la *surveillance des Départemens ou Districts des lieux.*

Comme on le voit, ces deux dispositions sont contradictoires, puisque *par le passé* Paris pour ces objets, n'étoit soumis à l'autorité d'aucun lieu.

D'ailleurs, cette faculté de l'Art. VIII deviendroit nulle, si les Départemens étrangers pouvoient empêcher.

Sur l'Art. IV concernant l'arrondissement des Districts, pourquoi ne les point opérer actuellement que le dénombrement des Citoyens de Paris doit être fait ?

Sur l'Art. IV de la seconde série, qui exclue de la qualité d'Electeur ou Citoyen actif, les personnes en faillite, il est de toute justice de *distinguer* le failli insouciant, ou dissipateur, du failli malheureux; ce point de démarcation n'est pas difficile : la maison la plus honnête, la plus active & la plus opulente, vient de perdre sa fortune par la banqueroute actuelle d'une ou deux autres maisons; il n'est pas juste d'agraver son malheur, en la privant du droit de Citoyen.

L'Art. V & dernier de cette seconde série, n'a pas la clarté dont il est susceptible.

L'enfant qui retiendroit, à autre titre que celui de donataire, une portion des biens de son pere, à la succession duquel il renonceroit ensuite, seroit un recéleur punissable, & sans doute que l'Art. V n'a pas ce criminel en vue.

Mais l'enfant non-marié, qui auroit reçu dix ans avant la faillite de son pere, un bien quelconque, qui, avec ce bien, se seroit établi, & qui cependant ne pourroit pas payer sa portion, ne pourroit-il plus être Electeur ? Ou entend-on exclure seulement l'enfant qui auroit reçu dans l'année de la faillite ? ce qui paroîtroit plus juste. C'est ce qu'il faut expliquer.

En cet état, & par une infinité d'autres considérations, qui ont fait la matiere de différens débats, l'Assemblée a unaniment arrêté :

1°. Qu'elle ne s'occuperoit, quant à présent, de l'examen approfondi des deux titres & séries qui lui ont été envoyés par ses Représentans, que pour préparer sa réponse, quand la totalité du Plan lui seroit envoyée.

Qu'ainsi les Représentans de la Commune seroient instamment invités de continuer à envoyer partiellement leur projet, mais qu'ils ne recevroient de réponse des Districts, que huit jours après l'envoi du dernier titre.

2°. Que ses Représentans seroient aussi invités de solliciter, de l'Assemblée Nationale, la sanction de leurs Décrets, sur les Municipalités du Royaume & sur les Départemens, notamment de celui de Paris.

3°. Que dès à présent on détermineroit, un plus parfait arrondissement des Districts.

Économie dans les Dépenses.

A l'effet d'économiser en diminuant la quotité des dépenses qu'engendre la correspondance si nécessaire entre les Districts & les Départemens de la Municipalité, l'Assemblée a arrêté.

1°. Qu'à compter du jour que la présente délibération sera envoyée, le Comité s'abonnera à la Régie des Postes, pour ne plus payer par lettres que six deniers, de manière qu'elle envoyera toutes ses lettres affranchies.

2°. Que la Municipalité & les Districts seront invités, comme elle les invite, à se réunir pour obtenir de cette Régie que toutes les lettres particulières de District à District & de ceux-ci à la Municipalité, ne payeront plus à l'avenir que six deniers, pourvu qu'elles soient cachetées du cachet du District.

3°. A l'égard des lettres qui seront écrites aux Particuliers, elles continueront de payer le prix ordinaire.

Les lettres circulaires des Communes partielles, tendantes au bien général, deviennent au prix actuel un impôt considérable sur les Citoyens.

Affaire de Saint-Victor avec les sieurs Guillotte & Charton.

Pusieurs Membres du District de St. Victor ayant été introduits dans l'Assemblée & ayant demandé, qu'il fût délibéré sur leur contestation avec le sieur Guillotte & M. Charton, tant en ce qui concerne la dénonciation des Commandants de Bataillon, qu'en ce qui concerne la possession actuelle qu'ils demandent de la maison destinée à la Police du Marché aux chevaux qu'occupe encore le sieur Guillotte.

Lecture prise de la délibération des Prémontrés, du 19 Décembre dernier, & après avoir entendu le récit des faits de tout ce qui s'étoit passé dans cette affaire.

Que lecture a été entendue de la délibération de l'Assemblée du 16 Décembre dernier, ensemble de la réponse que M. Charton a donnée au Comité le jour d'hier.

Considérant que dans les faits qui concernent ce brave Officier, au zèle & au courage duquel la Commune doit une reconnoissance distinguée, il il n'y a rien qui ait excédé ses pouvoirs ni compromis la liberté & les droits du District de St. Victor; que les Membres de ce District présents, n'ont pu s'empêcher de convenir qu'il s'étoit conduit avec la modération & la sagesse qui le caractérisent.

Les Membres de St. Victor retirés : il a été arrêté qu'au moyen de la décision de l'Assemblée du 16 Décembre dernier, il n'y avoit pas lieu à délibérer aujourd'hui; mais qu'il falloit ajourner la question à une prochaine Assemblée, dans l'intime persuasion où les Citoyens sont restés que ce qui divise St. Victor, n'est qu'une suite de faits négligemment rendus; qu'en donnant le temps de les expliquer, toutes les parties reconnoîtront avec l'Assemblée;

1°. Que le Marché aux chevaux étant un établissement public, la Police en appartient à toute la Commune.

2°. Que provisoirement cette Police confiée au Comité de St. Victor, par l'administration de la Police, le 30 Novembre dernier, doit lui être conservée.

Qu'à cet effet, le sieur Guillotte doit remettre à son District, si fait n'a été, le bureau & le lieu où il se tient, les registres & la caisse.

3°. Mais qu'au terme d'une autre ordonnance de l'administration de Police du 4 Décembre, le sieur Guillotte doit rester autorisé à garder le logement qu'il occupe dans le pavillon du Marché jusqu'au mois de Mai prochain.

L'équité, les procédés, le droit de Citoyen, la dureté de la saison & le droit étroit de tout homme que l'on force de déménager, sollicitent ce délai en faveur du sieur Guillotte.

4°. Dans tous les cas cette contestation absolument du ressort du Département de Police n'étoit point & ne peut pas être de la compétance des 240.

5°. La dénonciation des Commandants de Bataillon, suite d'un zèle mal dirigé, n'a rien de répréhensible, puisqu'elle avoit pour objet d'empêcher une expulsion prématurée & contraire à l'autorité d'une ordonnance légale.

6°. Qu'il en est de même de la députation des deux Représentans, & du Chef de Division, puisqu'elle avoit pour objet l'union & la paix.

Que pour cette démarche fraternelle la Commune ne pouvoit pas mieux choisir que M. Charton. Personne n'ignore qu'il a toujours sçu concilier l'éxactitude de ses devoirs, avec l'aménité, la douceur & les égards que l'on doit à des frères Citoyens.

Ces considérations bien pésées porteront nécessairement toutes les parties à se rendre justice, sans qu'il soit besoin de rien statuer sur leurs différends.

L'Assemblée a enfin arrêté qu'elle autorisoit son Comité à faire imprimer tout ou partie des délibérations ci-dessus, d'en charger expréssement ses Députés à la Ville, pour en solliciter l'effet; & qu'il en sera envoyé des exemplaires suffisants en la manière accoutumée.

P. S. *Sur quelques Articles de l'organisation Municipale.*

Par ses délibérations du 4 Décembre 1789, l'Assemblée générale a reconnu & arrêté entr'autres choses:

1°. Que l'imperfection de l'organisation provifoire de la Municipalité, demandoit une double attention pour la Constitution définitive.

Par exemple, que, si après M. le Maire on nomme des Chefs, qu'on ne puisse plus à son gré les qualifier de Présidents, & ensuite de Lieutenant de Maire;

Que d'un seul Procureur-Syndic, & de deux de ses Substituts, on ne fasse pas trois Procureurs-Syndics, dont deux Adjoints.

Que si l'on nomme des Administrateurs, pour administrer avec M. le Maire, ou n'annulle pa leurs pouvoirs, en leur ôtant la signature, & leur voix délibérative.

Que s'il est utile de ne pas trop diviser les pouvoirs, il faut redouter de les donner à un seul, dans la crainte de rejetter la Commune dans le Despotisme. On doit songer que jusqu'ici, & dans toutes les Municipalités du Royaume, le Maire n'avoit que sa voix comme les autres Officiers Municipaux; il faut convenir en effet, que plusieurs bannissent plus facilement l'erreur, & pulvérisent davantage l'hydre de l'arbitraire.

Il ne faut plus admettre à l'Administration ceux qui doivent juger ses erreurs; il faut bien déterminer l'étendue des pouvoirs des Représentants de la Commune, & l'autorité mesurée que doivent conserver leurs mandants.

Il faut auſſi marquer la différence des pouvoirs, dont on peut ſeulement revêtir les mandataires d'une Commune, qui ne doivent pas être confondus, avec les pouvoirs généraux, dont on peut revêtir les Repréſentants de la Nation.

Peut-être ſera-t-il ſage d'admettre la révocation des Repréſentants de la Commune, non-ſeulement dans le cas de forfaiture, de banqueroute & même de faillite, mais encore, toutes les fois qu'accidentellement ou autrement, l'opinion publique réſiſtera à leur conſerver l'eſtime & la confiance, ſans leſquelles les talens ne ſont rien. Un Repréſentant ne doit pas ſeulement être pur, vertueux & capable; il faut qu'il ſoit connu pour tel ; le moindre ſoupçon doit le rappeller dans le ſein de ſes comettants.

L'Aſſemblée a penſé que la Conſtitution Municipale particulière à Paris, étant la propriété inaltérable de ſes Habitans, devoit être le réſultat de la pluralité de leurs ſuffrages & qu'elle ne pouvoit leur être refuſée, tant qu'elle ne contrarieroit pas les Loix générales décrétées & à décréter par l'Aſſemblée Nationale.

Elle a arrêté que le ſerment prêté par ſes Députés actuels étoit ſuffiſant; qu'un ſecond ſerment étoit vain & illégal.

Qu'étant juste que le Chef de la Municipalité ait des pouvoirs distingués, il est nécessaire de les bien expliquer & déterminer.

Que ses décisions personnelles ne doivent être exécutées que provisoirement, & ne doivent recevoir de sanction définitive qu'à la pluralité des suffrages de ses coopérateurs.

Que pour accélerer l'expédition des affaires multipliées de notre Municipalité, il convient aussi que les coopérateurs de M. le Maire, ayent également, provisoirement, une décision provisoire, mais seulement dans chacun leur Département. & que la garantie des opérations ne doit avoir lieu, que par rapport à ceux des Membres qui les auront signés.

Sur les Emigrans.

Délibérant sur les arrêtés des Districts des Jacobins & de l'Abbaye de St. Germain des Prés; l'Assemblée applaudissant à leurs vœux, & conformément à ses précédents arrêtés, desirant voir rentrer dans le sein de leur Mère-Patrie, les Citoyens allarmés que la crainte des persécutions a déterminés à chercher un azyle, soit hors de la Capitale, soit dans les Pays Etrangers, *a promis & juré de les recevoir comme des frères*, & d'avoir pour leurs personnes

& leurs propriétés la mesure du respect qu'elle demande pour elle-même, sans cependant entendre sauver du glaive de la Loi, les prévenus qui seroient convaincus de quelque crime.

THORILLON, Président.

SANTERRE,
COZETTE, } Vice-Présidents.

DORVAL,
LABROSSE, } Secrétaire-Greffier.

Nota. *Le Comité général du District, tient tous les Mercredis, quatre heures de relevée, rue des Fossés-Saint-Marcel*, n°. 5.

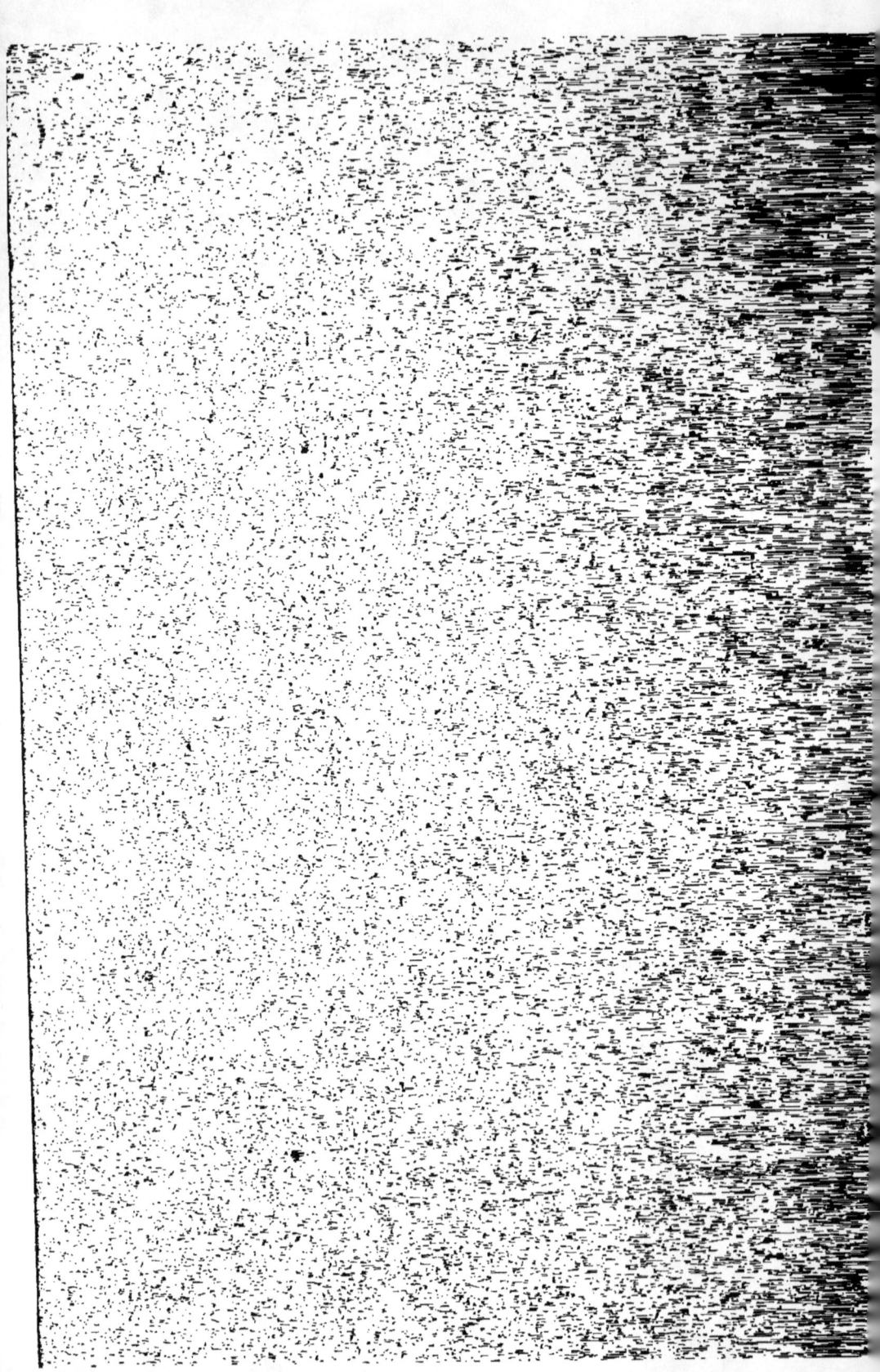

www.ingramcontent.com/pod-product-compliance
Lightning Source LLC
Chambersburg PA
CBHW070535050426
42451CB00013B/3025